J'aime mon métier

Pol

Copyright © QED Publishing, Inc., 2009.
Copyright © Éditions Scholastic, 2010, pour le texte français.
Tous droits réservés.

Il est interdit de reproduire, d'enregistrer ou de diffuser, en tout ou en partie,
le présent ouvrage par quelque procédé que ce soit, électronique, mécanique,
photographique, sonore, magnétique ou autre, sans avoir obtenu au préalable
l'autorisation écrite de l'éditeur. Pour toute information concernant les droits,
s'adresser à QED Publishing, une division de Quarto Group, 226 City Road,
Londres EC1V 2TT, R.-U.

Édition publiée par les Éditions Scholastic,
604, rue King Ouest, Toronto (Ontario) M5V 1E1
avec la permission de Quarto Group.

6 5 4 3 2   Imprimé en Chine CP141   14 15 16 17 18

Auteure : Amanda Askew
Concepteur graphique et illustrateur : Andrew Crowson
Directrice artistique : Zeta Davies

Catalogage avant publication de Bibliothèque et Archives Canada

Askew, Amanda
Policière / Amanda Askew ;
illustrations d'Andrew Crowson ;
texte français d'Isabelle Allard.

(J'aime mon métier)
Traduction de: Police officer.
Pour les 4-7 ans.
ISBN 978-1-4431-0387-9

1. Police--Ouvrages pour la jeunesse.
I. Crowson, Andrew II. Allard, Isabelle
III. Titre. IV. Collection: J'aime mon métier

HV7922.A8514 2010   j363.2'2   C2010-902796-5

Les mots en **caractères gras**
sont expliqués dans le glossaire
de la page 24.

Policière

Amanda Askew
Illustrations d'Andrew Crowson
Texte français d'Isabelle Allard

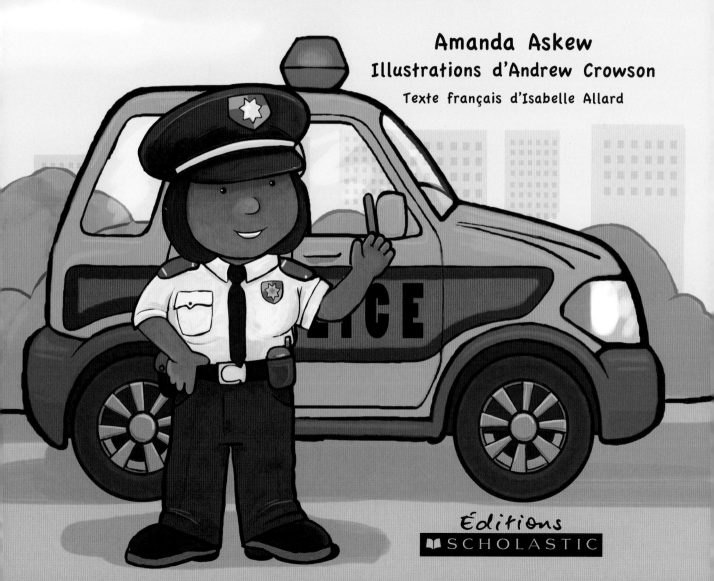

Éditions
SCHOLASTIC

Voici Anita. Elle est policière. Elle assure la sécurité des gens et **lutte contre les infractions.**

À 7 heures, Anita arrive au **poste de police** et enfile son **uniforme.**

Les gens savent qu'Anita est policière à son uniforme, à sa casquette et à son écusson.

Le matin, les policiers ont une réunion avec le sergent.

Anita part en **patrouille** dans la ville.

Il y a beaucoup de **circulation** près de l'école. Les enfants ne peuvent pas traverser la rue.

Anita se place au milieu de la rue et lève la main pour arrêter les voitures.

— Il ne faut pas que vous soyez en retard à l'école! dit-elle aux enfants.

— Merci! répondent-ils.

Ensuite, Anita reçoit un message sur sa radio. Des jeux vidéo ont été volés dans un magasin de la rue Laviolette.

Le propriétaire du magasin
attend Anita dehors.

— Deux garçons ont volé des jeux
vidéo! s'écrie-t-il.

— Racontez-moi tout à partir du début, dit Anita.

Le marchand explique qu'un garçon lui a demandé un renseignement. L'autre en a profité pour glisser des jeux sous son chandail. Lorsque le marchand s'en est rendu compte, les deux garçons se sont enfuis.

— Pouvez-vous les décrire?

— L'un d'eux portait un tee-shirt rouge. L'autre avait les cheveux roux et portait un tee-shirt violet.

13

De retour au poste de police, Anita téléphone à l'école pour savoir si des élèves sont absents.

— Thomas et Robin Leblanc ne sont pas à l'école aujourd'hui, lui dit la secrétaire.

— Merci, madame. Je vais aller voir leurs parents.

En route, Anita remarque que la voiture devant elle ne s'arrête pas au feu rouge.

Elle actionne la **sirène** et la suit de près pour signaler à la conductrice de s'arrêter.

— Pourquoi ne vous êtes-vous pas arrêtée au feu rouge?

— Je suis désolée, madame l'agente. J'essayais de chasser une guêpe. Je n'ai pas vu le feu passer au rouge.

— Vous auriez pu causer un **accident**. La prochaine fois, rangez-vous sur le bord de la route.

En arrivant chez les Leblanc, Anita voit Thomas et Robin dans le jardin.

— Thomas! Robin! Nous avons des choses à discuter, je crois. Rentrons parler à vos parents.

Anita raconte tout
aux parents de
Thomas et Robin.
Les deux frères
avouent avoir volé
les jeux vidéo.

— C'est mal de
voler. Les gens qui
volent peuvent aller
en **prison**. Vous allez
rapporter les jeux
au magasin et
présenter vos
excuses au
marchand.

— Oui, madame
l'agente. Nous
sommes désolés.
Nous ne le
ferons
plus.

23

Glossaire

Accident : collision entre des véhicules.

Circulation : mouvement des véhicules sur la route.

Lutter contre les infractions : empêcher les gens de faire des choses interdites par la loi.

Patrouille : ronde de surveillance effectuée par un agent de police.

Poste de police : endroit où travaillent les policiers.

Prison : endroit où vont les gens qui n'ont pas respecté la loi.

Radio : appareil utilisé pour envoyer des messages vocaux.

Sergent : supérieur des agents de police.

Sirène : avertisseur sonore des véhicules d'urgence.

Uniforme : tenue portée par certaines personnes exerçant une fonction particulière, comme les agents de police.

Voler : prendre quelque chose qui ne nous appartient pas.